Los hombres que
Dios llamó

Los hombres que Dios llamó

-Esaú -Ezequiel -Habacuc
-Tarso -Esteban

———————— 4 DE 7 ————————

MARY ESCAMILLA

Número de Control de la Biblioteca del Congreso de EE. UU.:   2020917854
ISBN: Tapa Dura   978-1-5065-3422-0
                 Tapa Blanda   978-1-5065-3421-3
                 Libro Electrónico   978-1-5065-3420-6

Información de la imprenta disponible en la última página.

Fecha de revisión: 22/10/2020

Para realizar pedidos de este libro, contacte con:
Palibrio
1663 Liberty Drive
Suite 200
Bloomington, IN 47403
Gratis desde EE. UU. al 877.407.5847
Gratis desde México al 01.800.288.2243
Gratis desde España al 900.866.949
Desde otro país al +1.812.671.9757
Fax: 01.812.355.1576
ventas@palibrio.com
820096

ÍNDICE

Prólogo...ix

El Llamado De Esaú 1
El Llamado De Ezequiel 29
El Llamado De Habacuc 55
El Llamado De Saulo De Tarso 81
El Llamado De Esteban 107

Epílogo 131

Esaú

Génesis 25:27

PRÓLOGO

¡Qué extraordinario!, qué privilegio tuvieron y siguen teniendo los hombres llamados por Dios, ya que en verdad es de excelencia servirle a Él y ser usados del mismo modo, con un propósito que Él tiene para la vida de cada uno de los llamados grandes hombres, grandes apóstoles, ministros, pastores, profetas, maestros evangelistas, adoradores, servidores…

Ellos son los verdaderos discípulos de Jesucristo, esos hombres llamados que le sirvieron y le sirven de una manera particular e íntegra porque son sacerdotes escogidos por Dios para predicar su Palabra y la Sana Doctrina del Real Evangelio de Jesucristo, el Hijo de Dios. Es único, una verdadera honra servirle a Él.

Es un privilegio el llamado de Nuestro Señor Jesucristo, fue algo maravilloso ser llamado por Dios para ser el Salvador del Mundo. Ahora tú eres llamado por Él, así como:

El rey David fue llamado a vencer a Goliat.
Abram fue llamado para bendecir a otros discípulos.
Jacob fue llamado a poseer la tierra y tener muchos hijos.
Daniel fue llamado a ser un profeta de Dios.
Enoc fue llamado a ser justo y caminar con Dios.

Isaac fue llamado a ser la promesa de Dios y la alegría de sus padres.

Moisés fue llamado a ser el mensajero de Dios y oír su voz.

José fue llamado a ser el soñador y gobernar a Egipto.

Josué fue llamado a llevar al pueblo de Dios, pasar por el desierto y entrar en la Tierra Prometida.

Pablo, el último de los apóstoles, fue llamado a predicar el Evangelio de Jesucristo ante multitudes para convertirlos.

Pedro fue llamado a ser amigo de Jesús y pescador de hombres.

Job fue llamado a ser varón perfecto, temeroso de Dios, y aceptó la voluntad de Él.

Mateo fue llamado a ser evangelista de Jesús.

Lucas el escribió el evangelio que lleva su nombre en el nuevo testamento.

Habacuc fue llamado a ser el profeta de la fe y la esperanza de salvación.

Andrés fue llamado a seguir a Jesús.

Felipe fue llamado directamente por Dios a ser su discípulo.

Santiago fue llamado a ser hermano de Jesús y escribir el libro del Nuevo Testamento.

Juan, el más joven discípulo y muy amado por Jesús, presenció milagros realizados por Él.

Salomón fue llamado a ser rey y a pedir al Altísimo Padre Celestial, sabiduría y ciencia para gobernar a su pueblo.

Sansón fue llamado a cumplir el propósito de Dios, que fue salvar a Israel de los filisteos.

Ezequiel fue llamado a ser profeta y guía moral, que enseñó y guio espiritualmente al pueblo de Israel.

Isaías fue llamado a ser asesor de reyes y basado en la Escritura los ministró. Asimismo, fue un gran y excelente orador.

Zacarías fue llamado a escribir El Antiguo Testamento, asi como el libro del mismo nombre, Zacarías.

Jeremías fue llamado al arrepentimiento del pueblo de Judá, al cual persuadió que se volvieran a Dios.

Joel fue llamado a profetizar respecto a la plaga de langostas que vendrían al pueblo si no se arrepentían.

Jonatán fue llamado a ser valiente y amigo del rey David, y fue vencedor de Gabaa.

Jonás fue llamado por Dios a ir y llamar al arrepentimiento a una ciudad pagana y, aunque huía del Señor, nunca quiso escapar de Él. Sin embargo, al final fue obediente.

Juan "El Bautista" fue llamado a bautizar a Jesús de Nazaret.

¡Qué privilegio!, asimismo tú atiende a tu llamado y escucha la voz de Dios.

EL LLAMADO DE ESAÚ

Esaú fue hijo de Isaac y Rebeca, desde que estaba en el vientre de su madre compartiéndolo con su hermano gemelo Jacob, desde allí empezó una lucha de rivales.

Creció junto con su hermano, Esaú fue diestro en la caza, fue un hombre dedicado al campo. En cambio, su hermano Jacob, fue un hombre tranquilo y habitaba en tiendas.

"Y crecieron los niños, y Esaú fue diestro en la caza, hombre del campo; pero Jacob era varón quieto, que habitaba en tiendas." Génesis 25:27.

Su padre, Isaac, amó a Esaú, su corazón se inclinó a él, ya que él se alimentaba de lo que cazaba en el campo, en cambio Rebeca, su madre, se inclinó a amar más a Jacob.

Como podemos ver, este mal viene desde tiempos antiguos, la inclinación de amar más a un hijo que a otro.

Los dos hermanos conocían de Dios, fueron instruidos en el temor a Jehová ya que su padre fue el hijo de la Promesa.

Este hombre que Dios llamó nos deja una gran enseñanza, es la representación de aquellas personas que han sido llamadas por Dios, pero que han menospreciado ese precioso llamado, no lo han valorizado y lo han tenido en poco.

¡Pongamos atención!

I-¿CUÁL ERA EL LLAMADO DE ESAÚ?

Como hijo primogénito, tenía el derecho de recibir doble porción de las cosas, y tenía que repartir la herencia a sus hermanos.

¿Cuál es tu llamado?

¿Lo sabes o aún no?

Y te has preguntado, ¿por qué nací?

¿Cuál es el propósito al que Él te ha llamado?

Entrega tu vida completamente a Dios, lee su Palabra, congrégate en alguna iglesia de sana doctrina y Dios te revelará cuál es tu llamado para servirle a Él.

Él ha elegido a unos:

Apóstoles.

Pastores.

Evangelistas.

Profetas y Maestros.

Y muchos llamados más a servir en su obra aquí en la tierra.

Ora y pídele a Dios que te revele cuál es tu llamado, no lo menosprecies, ponlo a trabajar y serás recompensado, Dios dice "si en lo poco me fuiste fiel, en lo mucho te pondré".

¿Cuál es tu llamado como esposo?

Amar a tu mujer como Cristo amó a su iglesia y se entregó por ella, para santificarla.

Es tratarla como un vaso frágil, pero es lo que menos vemos cada día, la mujer es tratada como un trapo sucio, que no vale nada, esos hombres desconocen su llamado en el hogar y están sembrando mala semilla… Y eso mismo van a cosechar.

¿Qué será de ellos cuando estén en su vejez y necesiten a alguien que los ayude?… Se quedarán solos y abandonados.

¡Qué tristeza!

Arrepiéntete ahora y empieza a darle amor a esa mujer que ha sido tu apoyo; la madre de tus hijos, no la cambies, no la menosprecies, cuídala, ámala y susténtala.

Y tú, mujer…

¿Cuál es tu llamado como esposa?

Es amar, sujetarte a tu esposo, respetarlo, y eso como que está desapareciendo en muchos hogares, ahora está entrando el matriarcado.

¡No te dejes engañar!

La mujer no quiere respetar a su esposo porque muchas veces su corazón está lleno de cosas del pasado, hay amargura, dolor, resentimientos y esas son heridas que necesitan ser sanadas solamente por Dios.

Él puede llenar todos esos vacíos que hay en tu vida.

Muchas veces hemos querido sanar nuestro corazón buscando una relación con alguien, pero nos hemos decepcionado porque ellos también nos han fallado y lo que han hecho es hacernos la llaga más grande y punzante, eso ha provocado mucho dolor.

Ya no sigas de fracaso en fracaso; la solución es Cristo Jesús.

¡Ríndete a Él hoy!

La mujer, al sentirse amada primeramente por Dios, encuentra la razón de vivir y llega a ser una esposa ideal la cual ama y respeta a su esposo.

Así, ese amor la motiva a amar, a sujetarse y obedecer a su esposo, a entender que él es la cabeza de su hogar y ella la ayuda idónea.

Mira, el enemigo de tu alma tratará que ese llamado que Dios te ha dado no se cumpla, y está trabajando día y noche para destruir lo que Dios quiere hacer en tu vida, que son grandes cosas.

Debes saber cuál es tu llamado y la posición en la cual te encuentras, de lo contrario caerás preso o presa, en las redes y trampas del enemigo de tu alma.

"Y guisó Jacob un potaje."

Mira cómo Esaú cayó en la tentación, su hermano preparó un guiso de lentejas, pero este guiso era color rojo, llamativo completamente y con un olor agradable al gusto.

Cuídate de esos guisos que el diablo prepara cada día para que caigas en las tentaciones que él te pone. Esaú no se sometió a la voluntad de Dios, sino se rebeló a su llamado.

Lo mismo está pasando con muchas personas, no quieren seguir su llamado ni tomar su cruz y seguir a Jesucristo.

Muchos buscan un evangelio que se acomode a su forma de pensar y proceder, y no quieren saber nada del llamado que Dios tiene para ellos.

Tú no seas así, como ellos, atiende al llamado que Dios tiene para ti, porque después es demasiado tarde.

II-CÓMO DESPRECIÓ EL LLAMADO.

Vendió su primogenitura por un plato de lentejas, fue movido a hablar a la ligera sin pensar en la posición que Dios lo había puesto.

Habló movido por el hambre que llevaba, sin pensar en las consecuencias de sus palabras.

¿Cuántas veces tú has hecho lo mismo, que te has enlazado con las palabras de tu boca?

¡Actúa con cuidado!

No seas movido por tus propias emociones que muchas veces te pueden engañar.

¿Qué cosas has menospreciado en tu vida?

1-Las cosas de Dios.

Has dicho; a mí no me interesa vivir como esos hipócritas, yo soy como soy y nadie me tiene que decir cómo vivirla.

Sin Dios no eres nada, ni nadie, debemos buscar primeramente las cosas de arriba y, todo lo demás, debe quedar en segundo lugar.

¿Por qué estás buscando primero lo terrenal?

Mejor busca lo espiritual, que es para siempre.

Porque donde está tu tesoro, allí estará vuestro corazón.

¡Despiértate si estás durmiendo en tu vida espiritual!

Él no quiere que sigas sufriendo, sabemos que en este mundo tendremos aflicción, pero lo hermoso es qué Él a través de su Hijo Jesucristo ya venció al mundo.

¡Qué regalo más maravilloso!

2-A tu familia.

Has dejado a tu esposa, con hijos, y fuiste tras otra relación que creíste tiene más valor que la mujer que te soportó durante muchos años; piensa en esos hijos que necesitan tu amor, tu protección y tu apoyo económico, pero te olvidaste de ellos y no te importó dejarlos heridos. Por ello muchos de ellos han buscado vicios infernales, hoy quizá están en prisión y otros en un cementerio; de eso tú eres responsable, por el abandono en el que los dejaste sabiendo que eran tu responsabilidad.

Pero hoy es un buen día de volver de esos malos caminos, reconocer que has fallado y buscar la reconciliación.

Los padres han sido llamados a velar por sus familias, a proveer las necesidades de sus hijos.

No sigas despreciando lo que debes amar, porque al final vendrá la recompensa para ti en disciplina o castigo.

Recuerda:

Ama a Dios sobre todas las cosas.

Ama a tu esposo(a).

Ama a tus hijos.

Ama a tu suegro(a), cuñados(as), yernos, nueras, amigos, hermanos.

Ama a tus vecinos.

Ama a tus hermanos en Cristo, aunque sea difícil, y todo cambiará.

¡No menosprecies sino ama!

Esaú no venció la tentación de ese guiso, ahora en estos tiempos debemos cuidarnos. Cuida tus ojos, que por allí muchas veces entra el enemigo para tentarte y que caigas, porque él no quiere que cumplas tu llamado.

Del mismo modo, tú sé fiel a Dios siempre.

¿Cómo sufrió Esaú después de su caída?

Muchos desprecian el ser llamados hijos de Dios y renuncian al evangelio; pero hoy, ven de nuevo a los caminos del Señor y retoma su llamado.

Él espera por ti.

¡No tardes en venir a Él!

III-¿POR QUÉ NO VALORIZÓ EL LLAMADO?

La primogenitura era muy valiosa, cambió todos sus derechos y renunció a un llamado especial de velar por sus hermanos.

¿Qué sucedió?

El cansancio, un factor determinante hasta en estos días.

"...Y volviendo Esaú del campo, cansado, dijo a Jacob: Te ruego que me des a comer de ese guiso rojo, pues estoy muy cansado." Génesis 25:29, 30.

Debemos mirar este detalle, no sólo estaba Esaú cansado, sino muy cansado...Y seguramente hambriento, por eso vendió su primogenitura por un plato de lentejas.

En estos tiempos todos corremos de un lado a otro en muchas actividades y compromisos, llegando al punto de cansarnos demasiado. Ese es un buen momento para caer en las maquinaciones del enemigo.

Pongamos atención, no nos sobrecarguemos emocionalmente, mentalmente ni físicamente.

Esaú venía cansado, pero muy cansado, de trabajar en el campo, de seguro le gustaba su trabajo pero se sobrecargó.

Allí aprovechó Jacob, para negociar con él su posición que Dios le había dado, pero Esaú vendió su primogenitura por una comida.

Hoy estamos viendo que el hombre está haciendo lo mismo, vendiendo su posición de ser un hijo(a) de Dios, por un momento de placer temporal.

¡Alerta!

El enemigo está preparando atracciones que a la vista se ven placenteras para pasar un buen momento, pero después vendrá destrucción a tu vida.

Aún estás a tiempo, recapacita y piensa ¿cuál es tu llamado?

¿Qué cosas el enemigo está queriendo negociar contigo?

La paz de tu alma.

El gozo que nadie te ha podido dar.

La bondad de ese corazón compasivo.

La alegría de servir a otros.

Tu santidad.

En medio del cansancio de Esaú, sigue el plan de Jacob y mira que le dice:

"Véndeme en este día tu primogenitura".

Porque Jacob le dice: "En este día", porque era el perfecto momento del cansancio para que le vendiera su primogenitura.

Eso mismo hace el enemigo, en los momentos que estamos más cansados se presentan espíritus que quieren tomar el control de nuestra mente, emociones y nuestra alma.

"Entonces dijo Esaú: He aquí yo me voy a morir; ¿para qué, pues, me servirá la primogenitura?" Génesis 25:32.

El cansancio llega a nuestras emociones llevando espíritus de melancolía, tristeza, a tal grado que llega la depresión y empezamos a menospreciar las cosas que son de gran valor, hasta la salvación de nuestras almas, por un plato de lentejas; como lo hizo Esaú, cayendo en la tentación y deshonrando a Dios.

Y todavía Jacob le dice:

"Júramelo en este día. Y él le juro, y vendió a Jacob su primogenitura.

Entonces Jacob dio a Esaú pan y del guisado de las lentejas; y él comió y bebió, y se levantó y se fue. Así menospreció Esaú la primogenitura." Génesis 25:33-34.

Abramos nuestros ojos espirituales para no dejar que esos espíritus quieran negociar con nosotros.

En el nombre de Jesucristo salen fuera hoy mismo, esas insinuaciones que te dicen que no vales, pero recuerda; tú eres de gran valor y de gran estima a los ojos de tu Dios que te hizo en el vientre de tu madre, ahí te formó y te puso un nombre.

Su Palabra, hoy te dice:

¡Hoy es el día de salvación!

Hay en la Biblia también, un ejemplo de tres jóvenes a quienes se les ofreció comer de los manjares que el rey había preparado en esa mesa, había de todo, pero como era dedicado a los dioses paganos, ellos renunciaron a esa mesa porque no era agradable a Dios, y pidieron que se les diese otra clase de alimento.

¡No vendas tu posición por nada en este mundo!

Tu posición no tiene precio.

Porque tú eres: Un llamado de Dios.

¡Atiende pronto!

Esaú y su hermano Jacob, al final se reconciliaron, Jacob tenía miedo que Esaú lo atacara por haberle quitado la primogenitura de la manera que lo hizo; pero vemos que el perdón fue el mejor remedio para que ellos se siguieran amando, lloraron juntos y se reconciliaron.

Maravillosos los dos hermanos, experimentando el perdón.

Con cuántas personas tú tienes que arreglarte y perdonarlas, eso trae sanidad interior y paz a cualquier corazón; todos hemos fallado pero debemos vivir en armonía, eso es lo que el Señor nos manda, asimismo, en paz y en reposo.

Aunque Esaú despreció su llamado y no lo valorizó, al final recapacitó.

¡Qué bendición!

Eso fue lo más precioso de esta historia.

"Alzando Jacob sus ojos, miró, y he aquí venía Esaú, y los cuatrocientos hombres con él; entonces repartió él los niños entre Lea y Raquel y las dos siervas.

Y puso las siervas y sus niños delante, luego a Lea y sus niños, y a Raquel y a José los últimos.

Y él pasó delante de ellos y se inclinó a tierra siete veces, hasta que llegó a su hermano.

Pero Esaú corrió a su encuentro y le abrazó, y se echó sobre su cuello, y le besó; y lloraron." Génesis 33:1-4.

Mira qué cuadro más precioso, de perdón.

1-Se abrazaron.

2-Se besaron.

3-Y lloraron.

Del mismo modo hazlo tú con todos aquellos que has ofendido, o con tus hermanos, porque el perdón es un regalo de Dios.

¿A quién tienes que abrazar?

¿A quién tienes que besar?

¿Con quién necesitas llorar?

Y dejar ese pasado de resentimiento y dolor.

Jacob, su hermano el que le había hecho trampa para quitarle su primogenitura, ahora se inclinó siete veces sobre la tierra en una actitud de pedirle perdón, y la actitud de Esaú, que le vendió su posición de mayor, corrió a su encuentro.

No hay otra cosa mejor que vivir en paz los unos con los otros y perdonarnos las ofensas que nos hayan hecho y las que hemos hecho.

Dios te llama a cuidar de tu familia, ese es el primer llamado que tenemos, y luego llamados a llevar el mensaje de Jesucristo por todo el mundo, ya que estamos viviendo en una sociedad egoísta que cree que son dueños de su propia vida y reclaman derechos y dicen es: "Mi cuerpo", y nadie me puede decir qué hacer, olvidando o no queriendo reconocer lo que dice su Palabra: "Él nos hizo y no nosotros a nosotros mismos, pueblo suyo somos y ovejas de su prado."

Somos propiedad de Él tú y yo, amado lector.

Estos son tiempos peligrosos donde la verdad no se quiere escuchar, sino la corriente de líderes que están encaminando al mundo al mismo infierno, enseñando vanas doctrinas de hombres, llevando las almas a la perdición.

¿Cómo?

Sí, así es, hay un cielo y un infierno.

¿Dónde quieres pasar la eternidad?

La vida no se termina cuando este cuerpo muere, hay otra vida después de la muerte, la eternidad en el cielo o la eternidad en el lago que arde con fuego y azufre. ¡El mismo infierno!

Quizá nunca habías oído esto, pero la única forma de salvar tu alma de la condenación eterna es reconociendo a Jesucristo el Hijo de Dios como tu único Salvador de tu alma.

¡Hoy mismo, hazlo ya!

No hay otro camino. Él expresó: Yo soy el camino, y la verdad, y la vida; y nadie puede llegar al Padre, sino sólo a través de su Hijo Amado, que dio su vida en la Cruz del Calvario por ti.

No te dejes engañar, ningún humano, por más que lo llamen santo, puede hacer milagros ni salvarte, el único que ha resucitado de entre los muertos, es Jesucristo el Hijo de Dios.

Quieres recibir el perdón de tus pecados hoy mismo, si tu respuesta es Sí, repite esta oración y di:

Padre Celestial, en este día quiero pedirte perdón por todos mis pecados, te he fallado viviendo mi vida en delitos y pecados, no atendiendo mi llamado, te recibo como mi único y suficiente Salvador de mi alma, entra a lo más profundo de mi ser, sé que moriste por mí, pero también que al tercer día resucitaste de entre los muertos y ahora estás sentado a la diestra del Dios Padre, me humillo ante ti, te lo pido en el nombre de Jesucristo mi Salvador. Amén, amén y amén.

Hoy es el
Mejor día
De mi vida,
Porque
Este día
Lo hizo
Dios para mí.

Mary Escamilla
Dra. 🖤

La oración

De fe

Sana

Al enfermo

En el

Nombre de

Jesús.

Mary Escamilla
Dra. ♥

La Vid

Todas las
Enfermedades
Se van de
Ti en el
Poderoso
Nombre de
Jesús.

Mary Escamilla
Dra. ♥

Únicamente
En Jesucristo
Está la
Salvación.

Mary Escamilla
Dra. 🖤

La Vid

Por mi fe,

Mis pecados

Son perdonados.

Ahora permanezco

En ella.

Mary Escamilla
Dra. 💙

La Vid

Continúa haciendo
Buenas obras,
Pero eso no te
Salva, únicamente
Tu arrepentimiento.

Mary Escamilla
Dra.

La Vid

Alienta a

Las personas,

No las

Aniquiles

Con tu lengua.

Mary Escamilla

Dra. ♥

La Vid

Yo soy un

Miembro

Del cuerpo

De Cristo.

Mary Escamilla
Dra. ♥

La Vid

El que tenga sed,

Venga a los pies

De Cristo y beba

De los Ríos de

Agua Viva que

Él te ofrece.

Mary Escamilla
Dra. ♥

La Vid

Habla de la
Gloria de Dios,
Que es eterna,
No de tus éxitos,
Que son pasajeros.

Mary Escamilla
Dra. ❤

La Vid

Dios usa a todas
Las personas,
De acuerdo a
Sus propósitos.

Mary Escamilla
Dra. ♥

La Vid

Sé un canal
De Dios y
Experimenta
Cómo Él fluye
En tu vida.

Mary Escamilla
Dra. ❤

La Vid

Vienen tiempos en que
Vas a experimentar
Cosas sobrenaturales,
Que vienen de parte
De Dios. Recíbelas.

Mary Escamilla
Dra. 🖤

¿Estás listo para
La manifestación
De Dios en tu vida
Ahora?

Mary Escamilla
Dra. ♥

Ama a tu prójimo
Como a ti mismo,
Alíneate con
La Palabra.

Mary Escamilla
Dra. ♥

Ezequiel

Ezequiel 25:48

EL LLAMADO DE EZEQUIEL

Fue hijo de Buzi del linaje sacerdotal, fue llevado cautivo a Babilonia, su nombre significa: "Dios es mi Fortaleza".

Su llamado fue de profeta, tuvo muchas visiones en su mensaje, condenó el pecado de idolatría y también las malas costumbres.

¡Extraordinario hombre que escuchó su llamado!

Fue autor del libro del Antiguo Testamento, que lleva su mismo nombre.

Tuvo una manifestación grandiosa, ya que vino sobre él la mano poderosa de Jehová.

¡Qué privilegio de este siervo del Señor!

"Vino palabra de Jehová al sacerdote Ezequiel hijo de Buzi, en la tierra de los caldeos, junto al río Quebar; vino allí sobre él la mano de Jehová." Ezequiel 1:3.

¡Qué momento más inigualable!

A este profeta de Dios se le conoce como un Atalaya, porque así lo declaró Jehová de los ejércitos, ya que amonestaría al pueblo que estaba inclinado a la rebeldía y muchos pecados más, y les exhortó a que se volvieran al único Dios verdadero.

Recibió revelación que el fin venía sobre la tierra, que Jehová enviaría su furor, juzgaría y su ojo no perdonaría ni tendría misericordia para todo aquel que no obedeciera sus mandamientos.

¡Es una gran realidad, el fin viene pronto!

El escenario está listo, se están cumpliendo todas las señales que están escritas en la Palabra.

La pregunta es:

¿Estás tú preparado para ese evento?

Si no lo estás, arrepiéntete hoy de todos tus pecados para estar listo para ese encuentro.

En su ministerio, este hombre llamado por Dios, también recibió la orden de profetizar contra esos profetas que hablaban en nombre de Dios y no era así, sino profetizaban de su propio corazón.

Sin embargo, su Palabra dice:

"Así ha dicho Jehová el Señor: ¡Ay de los profetas insensatos, que andan en pos de su propio espíritu, y nada han visto!" Ezequiel 13:3.

Dios condena a todo aquél que habla en nombre de Dios y es mentira, hablan vanidad y adivinación mentirosa, la cual será juzgada por Dios.

Así que:

¡El Señor los reprenda! Y que su boca hable verdad y prediquen el evangelio puro, sin aumentarle ni quitarle.

I-ASÍ, SU LLAMADO TUVO UNA GRAN OPOSICIÓN, PUES SU MENSAJE FUE DADO A GENTE REBELDE.

Llevar un mensaje de exhortación a un pueblo dado al pecado no fue fácil, tenía que estar lleno de la presencia de Dios para soportar todos los ataques.

Del mismo modo sucede con cada persona que habla verdad y profecía.

¡Qué difícil tarea!

El pueblo se había rebelado contra Dios, como podemos ver en estos tiempos, no quieren oír su voz porque están envueltos en sus propios pecados y hacen como si no ven o no saben nada; el mucho afán los ha cegado de toda verdad y es que ha llegado el fin, la venida del Hijo del Hombre se ha acercado.

Viven en unión libre y dicen que no es pecado, pero la Palabra de Dios, a eso le llama fornicación.

Tienen más de una mujer y dicen que a todas las quieren, una mentira del diablo; están ciegos, a eso Dios le llama adulterio.

Yo digo mentiritas blancas, dicen por ahí, pero toda mentira es del diablo, él es el padre de la mentira.

No te dejes engañar, si estás viviendo esa forma de vida no estás preparado(a) para irte con el Señor.

¡Es tiempo de prepararte!

Dios, antes de hacerle el llamado, le mostró el esplendor de su gloria teniendo una plática con él, donde el Espíritu de Dios entró en lo más profundo de su ser.

¡Gloriosa experiencia!

"Y me dijo: Hijo de hombre, yo te envío a los hijos de Israel, a gentes rebeldes que se rebelaron contra mí; ellos y sus padres se han rebelado contra mí hasta este mismo día.

Yo, pues, te envío a hijos de duro rostro y de empedernido corazón; y les dirás: Así ha dicho Jehová el Señor." Ezequiel 2:3, 4.

Cuando se habla de gente rebelde, estamos refiriéndonos a personas que no les gusta someterse a nada ni a nadie, en otras palabras, complicadas a lo máximo.

Del mismo modo, a este tipo de personas les cuesta poder comunicarse con otros, se rebelan a todo, son difíciles de educar, no se dejan controlar, no se someten a la autoridad, no tienen disciplina en su vida.

Y lo vemos a diario en nuestra propia familia:

Los hijos no quieren ser obedientes a los padres, pero cuando están en la adolescencia, es ahí donde generalmente se ve este tipo de comportamiento; si es en la escuela no obedecen a los maestros, si es en la iglesia no se sujetan a los líderes ni al pastor, ya que se creen autosuficientes y no siguen las reglas de moral.

Al rebelde no le gusta que le impongan formas de pensar ni de actuar, rechazan todo, quieren hacer las cosas a su manera y piensan que están bien.

Hay esposos y esposas que también manifiestan este espíritu de rebeldía que está destruyendo muchos matrimonios, porque la rebeldía hace que se pierdan el respeto, y vemos hogares donde si no es mediante gritos, la esposa no obedece y de igual manera los hijos, eso es un verdadero caos, un cuadrilátero de boxeo y no un hogar.

¿Tienes este problema tú?

¿O conoces a alguien así?

¿Quieres que todo cambie en tu hogar y que haya edificación en lugar de destrucción?

Sólo la presencia del Dios Todopoderoso podrá cambiar el corazón del hombre, búscalo en oración y también lee la Palabra de Dios, la Biblia, que es el manual para un cambio total familiar y espiritual.

Es ahí donde encontrarás la respuesta a tus interrogantes, podrás ser sanado(a) de las heridas que llevas clavadas en el corazón, busca siempre la presencia de Dios.

¡Es maravilloso esto! ¿Verdad?

¡Tú apresúrate a buscarlo, hoy lo puedes hacer!

Ezequiel tenía que dar esa palabra de exhortación, para ello debía tener un carácter y una autoridad divina que lo respaldara y vemos que:

II-DIOS ARMÓ DE VALOR A EZEQUIEL.

No era fácil tratar con este tipo de personas, el temor llegaría y por eso Dios le habla de esta forma:

"Y tú, hijo de hombre, no les temas, ni tengas miedo de sus palabras, aunque te hallas entre zarzas y espinos, y moras con escorpiones; no tengas miedo de sus palabras, ni temas delante de ellos, porque son casa rebelde." Ezequiel 2:6.

Dios sabía que este llamado no iba a ser fácil para el Profeta Ezequiel, iba a venir el temor a su vida y podía paralizar o estancar su llamado.

¿Tienes temor de ser llamado por Dios?

Pero tú no dejes que los temores y miedos te estorben, para cumplir su propósito aquí en la tierra.

Atiende a tu llamado aunque te enfrentes a gigantes, porque de ellos Dios te librará.

¿Qué temores están influyendo en tu vida?

Miedo a las calumnias de otros.

Miedo a perder la vida.

Miedo a la conspiración.

Todos estos temores se iban a presentar en la vida de Ezequiel, por eso Dios le habló de esa manera.

"No les temas a sus palabras", cuántas veces nosotros nos hemos llenado de temor por lo que se nos ha dicho, o por lo que han hablado de nosotros.

Así como la esposa le tiene miedo a su esposo porque la insulta, el esposo ya no se dirige a su esposa porque ella lo rechaza.

Los niños también son invadidos por el miedo cuando son pequeños, uno de los miedos muchas veces es la oscuridad porque sienten que algo o alguien pueden surgir de ella y hacerles daño.

¿Cómo puedes vencer el temor?

Lo vences leyendo su Palabra, su Palabra dice que no tendrás temor de espanto nocturno, así que a instruir a los niños en el temor de Jehová. Antes que se duerman, es importante leerles la Biblia y verás que tú también serás edificado(a) y ministrará la vida de tus hijos y de toda tu familia.

¿Cómo debemos reaccionar ante el miedo?

Enfrentarlo en el nombre poderoso de Jesús, el verdadero amor echa fuera el temor. ¡Ese espíritu se va!

Porque el temor no puede ejercer dominio sobre nuestra vida, quizá tú no has podido superar algunos temores, pero con Cristo a tu lado sí lo vas a poder lograr siempre.

"Les hablarás, pues, mis palabras, escuchen o dejen de escuchar; porque son muy rebeldes." Ezequiel 2:7.

Estas palabras las puedes tomar para tu propia vida, del mismo modo, los padres tienen que disciplinar y corregir lo deficiente en los hijos, escuchen o no lo hagan.

Para poder hacerlo correctamente también el Señor de señores nos da el consejo como le dijo a Ezequiel:

"Mas tú, hijo de hombre, oye lo que yo te hablo; no seas rebelde como la casa rebelde; abre tu boca, y come lo que yo te doy." Ezequiel 2:8.

Eso es muy importante para corregir a otros, que no haya rebeldía en el corazón del que ministra.

Los hombres y mujeres que son llamados por Dios deben dejar de ser rebeldes, tienen que ser sabios y entendidos, e instruidos en la Palabra de Dios.

¿Cómo se puede lograr?

Veamos las palabras directas del cielo para Ezequiel, escritas en la Biblia.

"Abre tu boca, y come lo que yo te doy." Y este hombre que Dios llamó vio una mano que se extendida hacia él, y en esa mano había un rollo de un libro y estaba escrito de los dos lados, y le dijo que se comiera ese rollo, y Ezequiel fue obediente y se lo comió.

Que bendición, él escuchó la voz del Altísimo.

Después de esto ya estaba preparado para hablar palabra del cielo, no de su propia cuenta.

Ese es el gran problema hoy en día, queremos corregir de nuestras experiencias dolorosas:

Porque a ti te fallaron en tu matrimonio, aconsejas mal a otras mujeres, y así también lo hacen los hombres.

Basta, primero pide Dirección Divina y deja de dar consejos basados en tu propio corazón lastimado, porque esto no edifica ninguna vida.

Abre la Palabra de Dios, empieza a escudriñar, a comerte ese precioso libro y verás la manifestación gloriosa en tu vida, como nunca antes, y deléitate en esa preciosa Palabra de Dios ahí escrita.

"Y me dijo: Hijo de hombre, toma en tu corazón todas mis palabras que yo te hablaré, y oye con tus oídos." Ezequiel 3:10.

Un consejo sabio para estos tiempos, es que atesoremos en lo más profundo de nuestro ser sobre todas las cosas de Dios.

Ahora la humanidad está igual de rebelde, no quieren escuchar el consejo del cielo, hacen lo que quieren y lo que les conviene, son llevados por corrientes de mentira, de vanidad y falsas doctrinas.

¡Ten mucho cuidado!

Si no te alimentas diariamente de los principios divinos puedes caer en el error, por eso Jehová de los ejércitos le dio ese libro a Ezequiel y le dijo que se lo comiera, para que salieran de su interior ríos de agua viva.

¡Eso es edificación para tu vida!

Y así, todo temor o miedo que acechara su vida tenía que huir, y de esa forma terminar su llamado victorioso y poder dar el mensaje para ese pueblo rebelde.

¿Tienes tú miedo de decirle a alguien que está en pecado?

¿Tal vez porque piensas que vas a ser rechazado?

¿Porque ya no serás parte de ese grupo de amigos?

¿Porque temes a la persecución?

Yo te digo en este día, habla la verdad.

¡No tengas temor, ahora se va de tu vida en el nombre de Jesús!

Empieza hoy mismo, primero pidiéndole perdón a Dios y luego lee la Biblia, ahí encontrarás una lista de todos aquellos que no entrarán en el Reino de los cielos, llénate de Dios y empieza a hablarles primero a tu familia y a tu círculo de amigos.

Todo temor se irá de tu vida, el miedo no te paralizará en tu llamado, vence con la espada que es la Palabra de Dios todo dardo del enemigo que impide que lleves a cabo tu maravilloso llamado, atiende a tiempo, ¡ahora!

Mira, este hombre llamado por Dios cumplió con su llamado obedeciendo a las Instrucciones Divinas.

-Comió del rollo del libro que se le dio, y dice que le fue dulce a su paladar. (Ezequiel 3:3)

-Él obedeció y puso las palabras oídas en su corazón. (Ezequiel 3:10)

Eso mismo quiere el Señor que hagamos cuando oigamos su Palabra, llevarla a nuestro corazón y que no se quede nada más en la mente, tatúalo en tu corazón y ahí permanecerá.

Ezequiel habló palabra dura a un pueblo que era rebelde, sin temor, porque fue obediente a las instrucciones que Dios le dio para su llamado.

Tuvo muchas visiones, la presencia del Señor cayó sobre su vida, asimismo puede caer sobre ti y será extraordinario cuando en obediencia, atiendas a tu llamado.

El primer paso para poder ser llamado por Dios es entregándole tu vida completa a Él.

Ríndete a sus pies y arrepiéntete de todos tus pecados, porque Él té perdona los pasados, los de hoy y los que vienen.

Esa es la mejor decisión que puedes hacer, si no has aceptado a Jesucristo, Él entrará en lo más profundo de tu ser y serás lleno de su gran amor.

Haz esta oración y di:

Gracias Padre eterno por tu gran amor y misericordia para conmigo, ya que siendo yo un pecador(a) diste a tu Unigénito Hijo para que diera su vida por mí, lo acepto en este día como mi único y suficiente Salvador de mi alma, te pido que escribas mi nombre en el Libro de la Vida y te prometo que voy a serte fiel hasta el final y heredar así la corona de la vida eterna, te lo pido en el nombre de Jesucristo tu Hijo y hoy mi Salvador. Amén, amén y amén.

La verdadera
Riqueza es
Espiritual.

Mary Escamilla
Dra. 🖤

La Vid

Señor, dame

Mi sanidad

Interior

Para

Poder

Perseverar

Hasta el final.

Mary Escamilla
Dra. 🖤

La mejor
Fuente de
Información
Y autoridad,
Es la Biblia.

Mary Escamilla
Dra. ❤️

Escápate
Del
Juicio del
Infierno,
Entrega tu
Vida a
Jesucristo.

Mary Escamilla
Dra. ♥

La Vid

El horno

De fuego

Sí existe,

No te

Arriesgues

A ir allí tú.

Mary Escamilla

Dra.

La Vid

El Diablo

Es engañador

De tu alma,

Porque él

Es un ángel

Caído.

Tú sé

Sobrio y

Entendido.

Mary Escamilla
Dra. ❤

La Vid

El infierno
Es un lugar
Real.
No rechaces
A Jesús.

Mary Escamilla
Dra. ❤️

La Vid

Recuerda

Siempre

Muy bien;

Las riquezas

Del mundo

No duran

Para siempre.

Mary Escamilla
Dra. ♥

La Vid

Los justos
Se alegran
Y cantan.
¡Aleluya!

Mary Escamilla
Dra. ❤

Cuando las
Naciones
Se vuelvan
Contra Israel,
Dios los
Despedaza.

Mary Escamilla
Dra. ♥

La Vid

El Señor recoge
A sus hijos de
Todos los confines
De la tierra.

Mary Escamilla
Dra. ❤

La Biblia

Tiene

Fundamento

Para toda

Tu vida.

Mary Escamilla
Dra. ❤

Dichosos los
Que mueren
En El Señor,

Porque

Verdaderamente

Descansan de

Sus obras.

Mary Escamilla
Dra. ♥

La Vid

El sol se oscurece
Al nacer y la luna
No dará su resplandor,
Así como las estrellas
No darán más luz en
El Gran Día.

Mary Escamilla
Dra. ❤

La Vid

Sé maduro en tu
Manera de pensar,
Usa la sabiduría y
El conocimiento.
¡No seas inmaduro!

Mary Escamilla
Dra. ♥

Habacuc

Habacuc 1:12-17

EL LLAMADO DE
HABACUC

Él mismo se identificó como un profeta, fue uno de los doce profetas menores en el Antiguo Testamento, su nombre en hebreo significa: "Abrazar."

El libro de Habacuc se divide en tres capítulos; la primera parte habla de una discusión entre Dios y Habacuc, luego una oración intercesora por la aflicción que el pueblo de Judá estaba pasando, un tiempo de muchas perturbaciones, pues ellos estaban adorando a dioses extraños, y luego, al final, vemos un salmo muy hermoso.

Este hombre llamado por Dios, es el único que se pone a cuestionar la sabiduría del Todopoderoso y se le compara a Job, porque ve la violencia y las injusticias que ocurren a su alrededor y pregunta: ¿Dónde está Dios?

Veamos la profecía que vio este hombre llamado por Dios, y lo que él expresó:

"¿Hasta cuándo, oh Jehová, clamaré y no oirás; y daré voces a ti a causa de la violencia, y no salvarás?

¿Por qué me haces ver iniquidad, y haces que vea molestia? Destrucción y violencia están delante de mí, y pleito y contienda se levantan." Habacuc 1:2-3.

Habacuc miraba la violencia y también las injusticias que estaban ocurriendo alrededor de su pueblo, y no entendía el porqué de esto.

Sin embargo, siempre debemos poner la mirada en el Todopoderoso y, si Él permite las cosas, Él sabe que tienen un propósito y así le place a Él hacer las cosas.

Del mismo modo, parece que estamos viendo en estos días cuántos líderes de muchas naciones han caído tan bajo porque se han olvidado de la ley de Dios, no quieren saber nada de Él y se han vuelto a adorar a dioses creados por el mismo hombre, a adoptar maneras de vivir equivocadas, que ofenden al Dios Todopoderoso y viven una vida total de desobediencia y confusión.

La corrupción ha llegado hasta los gobernantes que están en el poder, se olvidan de las promesas que le han hecho al pueblo antes de haber sido electos y la gente responde con enojos ante las grandes injusticias, algunos actúan con violencia y con maldad.

No quieren a Dios en las escuelas.

No quieren a Dios en las cortes.

No quieren a Dios en los lugares públicos.

No quieren a Dios en las leyes.

No quieren a Dios en las universidades, y más aún, en ningún lugar quieren que se mencione el nombre del Padre, del Hijo y mucho menos del Espíritu Santo.

¡Hasta dónde ha llegado esta humanidad perdida!

Asimismo, Habacuc lucha contra la relación que Dios tiene con ellos y empieza a lamentarse y a reclamarle a Dios.

Cuántas personas hoy en día también están haciendo lo mismo, reclamándole a Dios por lo que está pasando en sus vidas, en la de su familia y también por lo que está ocurriendo en el mundo entero. Están sin entender que Dios es soberano y Él sabe cómo trata con cada individuo, con cada pueblo y nación.

¿Quién puede altercar con Dios?

¿Quién puede decirle a Dios lo que tiene que hacer?

NADIE, absolutamente nadie, debes esperar y dejar que siempre se haga su voluntad.

En medio de estos tiempos de injusticia y tanta maldad, tú también deja de dudar, porque sí vendrá la justicia al tiempo de Dios contra todo el mal. Asimismo, se manifestará la misericordia de Dios para todos los fieles que le buscan de día y de noche. Por eso no desmayes, tú permanece firme y fiel, persevera hasta el final.

Cuántas personas en este tiempo se están quejando y renegando por las cosas que están viendo en las noticias, porque las cosas no les salen bien en el trabajo, en el mismo hogar y hasta en la congregación.

Muchas de las veces es porque hay una insatisfacción personal que los tiene en cautiverio y sólo ven problemas y no soluciones.

¡Ya basta!

¿Te sientes tú así?

Mira lo que hizo este hombre llamado por Dios

I-HABACUC, UN PROFETA DE ORACIÓN.

Este hombre llamado por Dios buscaba el rostro del Soberano y Poderoso Rey de reyes, y sus inquietudes y preguntas tuvieron respuesta a través de la oración.

¿Qué es la oración?

Simplemente hablar con Dios, no hay otra definición más sencilla que esa; comunión todo el tiempo con Él.

¿Cuántas veces al día hablas con Él?

¿Cuánto tiempo te postras ante Él?

Dios quiere escuchar tu voz diariamente, en su Palabra nos dice:

-Oren sin cesar, en todo tiempo.

-Persevera siempre en la oración.

-El Señor está cerca de los que le invocan toda la vida.

-Que clames y Él te responderá siempre.

-En las angustias debemos buscarle, siempre en oración.

-Dios oye todas las oraciones cuando las hacen con un corazón contrito y humilde.

-Pedid y se os dará, dijo Jesucristo. Aprende a pedir.

-Si te humillares y buscares su rostro, Él escuchará siempre.

¡Esto es maravilloso! ¡Extraordinario!

Habacuc clamó a Dios porque no entendía el porqué de muchas cosas...Y fue escuchado por Dios.

¿Cuáles son las peticiones de tu corazón en este momento?

¿Necesitas ser sanado de tu corazón y tu mente.

Necesitas salir de las adicciones.

Necesitas sanidad en tu cuerpo físico.

Necesitas tener más amor y compasión.

Necesitas un milagro creativo.

Necesitas a tu familia.

Necesitas finanzas.

Necesitas salir de deudas.

Necesitas salir de los vicios.

Necesitas tu identidad.

Necesitas que crean en ti.

Necesitas que Dios te dé un buen esposo(a).

Necesitas tus documentos legales.

Necesitas salir de la cárcel.

Necesitas que Dios cambie a tus hijos y los libere de vicios.

Necesitas una casa.

Necesitas una iglesia donde se mueva el poder de Dios y que sea de sana doctrina.

Necesitas un carro nuevo.

Necesitas que Dios te dé sabiduría y ciencia.

Necesitas un trabajo?

Y podríamos seguir mencionando muchas cosas más, pero lo más importante en esta vida en tener la salvación de tu alma, la que sólo a través de Jesucristo puedes obtener.

Por esa necesidad que tienes, tú necesitas a Jesucristo en tu corazón, lo demás vendrá por añadidura.

¡Decídete hoy, Él es tu salvador!

Habacuc experimentó el poder de la oración.

-La oración eficaz del justo puede mucho.

-La oración vence a los enemigos.

-La oración la escucha Dios.

-La oración trae sanidad.

La oración trae libertad.

-La oración abre los ojos del entendimiento.

-La oración cambia las mentes.

-La oración cambia tu vida.

-La oración cambia el corazón.

-La oración da sabiduría.

II-LA ORACIÓN DEL JUSTO ES CONTESTADA.

Habacuc recibió la respuesta a sus preguntas y expresó esto:

"Y Jehová me respondió, y dijo: Escribe la visión, y decláralas en tablas, para que corra el que leyere en ella.

Aunque la visión tardará aún por un tiempo, mas se apresura hacia el fin, y no mentira; aunque tardare, espéralo, porque sin duda vendrá, no tardará.

He aquí que aquel cuya alma no es recta, se enorgullece; mas el justo por su fe vivirá." Habacuc 2:2-4.

Dios le contesta a Habacuc todas sus interrogantes, a través de la búsqueda de Dios recibió fe, y él expresó que la esperanza de la salvación viene del Todopoderoso, pero también viene la destrucción de todos aquellos que son enemigos de las cosas eternas.

Dios responde muchas veces no a la manera que nosotros esperamos, a veces su respuesta no te puede animar en el momento, pero Él sabe lo que hace y al final podrás ver la victoria en tu vida.

Así pasó con Habacuc, cuando Dios empezó a darle respuesta a sus preguntas.

En estos tiempos las personas dicen; ¿cómo es posible que Dios use a las personas que te han dañado, para cumplir sus propósitos en ti, o también las circunstancias dolorosas en tu vida?, pero recuerda, Dios está en control total de tu vida, porque Él es Todopoderoso y siempre está a tiempo y fuera de tiempo.

No te desalientes.

No te canses.

No te desesperes.

No pierdas la fe.

No claudiques.

No te desanimes.

No renuncies.

No dudes.

No cuestiones.

No vuelvas atrás.

Recuerda: Dios no puede ser burlado, todo lo que el hombre siembra eso cosecha.

Por eso aprende desde hoy a sembrar en abundancia, para que coseches de la misma manera y puedas mostrar buen fruto.

Así que: ¡Ánimo, sigue adelante, la victoria está en tus manos!

Porque Dios va delante de ti.

Habacuc sigue escuchando las respuestas que Dios le daba, quien le asegura que pronto va a juzgar y castigar a todas las naciones por la maldad que están haciendo, lo hará en el tiempo indicado por Él, y que hasta las injusticias del mundo Él las usará para cumplir sus propósitos justos en la vida de cada persona.

Las respuestas de Dios a Habacuc no solo fueron para él, sino para las futuras generaciones.

Este hombre llamado por Dios pudo ver la grandeza de su poder a través de las respuestas de Dios, y él rogó por la misericordia de su propia nación.

"Oh Jehová, he oído tu palabra, y temí.

Oh Jehová, aviva tu obra en medio de los tiempos,

En medio de los tiempos hazla conocer;

En la ira acuérdate de la misericordia." Habacuc 3:2.

La oración es un arma poderosa para vencer en el nombre poderoso de Jesucristo, a esos enemigos ocultos que han tomado control de tu corazón, tales como son las siguientes cosas:

¿Tienes orgullo?

¿Tienes vanidad?

¿Tienes envidia?

¿Tienes idolatría?

¿Tienes pensamientos de maldad?

Es necesario renunciar y echar fuera todos estos espíritus que están atormentando tu vida.

¿Te consideras un hijo por creación y no un hijo verdaderamente nacido del espíritu de Dios?

Dice su Palabra que a todos los que le reciban les ha dado potestad de ser hijos de Dios.

¡Maravillosa promesa!

¿Deseas tener a tu Padre Celestial en tu vida?

Atiende a tu llamado.

Hoy arrepiéntete de todos tus pecados y empezarás a ver la gloria de Dios, todos estos espíritus atormentadores se irán uno a uno y serás libre de todo tormento.

Habacuc pensaba que Dios estaba ausente en medio de ese tiempo, pero no, Dios estaba presente como lo está en este momento en tu vida, en tu familia, en tu escuela, en tu trabajo y en cualquier circunstancia difícil que puedas estar atravesando.

El libro de Habacuc se resume en:

"El justo, por la fe vivirá".

Este hombre que Dios llamó para sus propósitos divinos fue lleno de mucha fe, aunque él no entendía lo que sus ojos veían, él creyó que algo glorioso se manifestaría en medio de cualquier circunstancia difícil y dice:

"Aunque la higuera no florezca,

Ni en las vides haya frutos,

Aunque falte el producto del olivo,

Y los labrados no den mantenimiento,

Y las ovejas sean quitadas de la majada,

Y no haya vacas en los corrales;

Con todo, yo me alegrare en Jehová,

Y me gozaré en el Dios de mi salvación.

Jehová el Señor es mi fortaleza,

El cual hace mis pies como de ciervas,

Y en mis alturas me hace andar." Habacuc 3:17-19.

Hay cosas difíciles en la vida diaria y una de ellas es confiar plenamente en Dios, cuando vemos que las cosas no nos salen bien, cuando vienen problemas difíciles y no le encontramos salida a las dificultades, o a veces en el silencio de Dios, en medio de las tormentas.

Dios quiere que aprendamos a confiar en Él cada día y, este hombre llamado por Dios, al final de su libro lo expresó.

Que aunque viera escasez, él confiaría en Dios.

¿Estás pasando por pruebas difíciles en tu vida?

Confía, cree y espera el milagro, porque viene en camino.

No dejes que las pruebas y las dificultades apaguen tu fe, recuerda:

Él es la fortaleza de tu vida.

Él es la piedra angular.

Él es tu restaurador.

Él es tu salvador.

Él es tu Padre Celestial.

Él es tu sanador.

Él es tu socorro en el día malo.

El té llenará de la paz verdadera.

El té dará lo que necesitas en medio de la escasez.

Él restaurará tu negocio.

El té ayudará en tu aflicción.

Dime, ¿quién puede hacer todo eso en tu vida?

Ningún dios creado por el mismo hombre, por eso deja de confiar en dioses hechos de madera, de yeso o metal.

Alaba al único Dios verdadero como lo hizo Habacuc, al final le dio la Gloria a Él porque le contestó todas sus preguntas y, en esa plática con Él, terminó escribiendo que su confianza plena estaba en Él.

Es necesario buscarle en oración de día y de noche, para conocer más de ese Dios maravilloso y entregarle todas nuestras cargas a Él.

¿Deseas tú tener un espíritu de oración en medio de tu diario vivir?

Haz una oración de rendimiento total y repite:

Gracias Padre Celestial por enviar a tu Hijo Unigénito al mundo para morir por mis pecados, me arrepiento porque, igual que este hombre llamado por Dios, no entendía el porqué de muchas cosas que están pasando alrededor de mi vida, pero sé que he fallado al pensar así, pero ahora te entrego mi vida completa, perdóname, y hoy recibo en mi corazón a Jesucristo como el único suficiente Salvador de mi alma, quiero que escribas mi nombre en el Libro de la Vida, pido esto en el nombre de Jesucristo. Amén, amén y amén.

La Vid

Dios bendiga
Tu vida,
A tu familia y
Te llene de
Sabiduría,
De conocimiento
Y de Gracia.

Mary Escamilla
Dra. ♥

La Vid

Dios te
Respalda
Siempre,
El Diablo te
Calumnia
Muchas veces.

Mary Escamilla
Dra.

La Vid

No temas de
Quién se
Levante
Contra ti,
Porque hay
Quién pelea
Por ti.

Mary Escamilla
Dra. ♥

Muchos

Asocian

La

Humildad

Con la

Pobreza.

Mary Escamilla
Dra. ♥

La Vid

Busca el
Conocimiento
De lo Alto,
Así como la
Sabiduría.

Mary Escamilla
Dra. 💙

La Vid

Un verdadero
Cristiano no
Practica la
Hechicería
Ni la Idolatría.

Mary Escamilla
Dra.

La Vid

Cuando caminas
En el Espíritu,
Tienes el poder
De destruir
Cualquier
Arma forjada
Del enemigo.

Mary Escamilla
Dra.

Señor, limpia

Mi corazón,

Sana mi alma,

Toca mi corazón

Y cambia

Mi mente.

Dios cura,
Dios sana,
Dios da
Abundancia
Y Dios está
Contigo.

Mary Escamilla
Dra. 🖤

La Vid

Dios en su Palabra,

Da sanidad

A todo tu cuerpo.

Mary Escamilla
Dra. ♥

Jesús

Limpió todos

Mis pecados

En la Cruz

Del Calvario.

Mary Escamilla

Dra. ❤

La Vid

Señor Jesús,

Te entrego

Todo lo que soy.

Mary Escamilla
Dra. 🖤

El Señor,

Me vistió

Con su

Justicia

En la Cruz.

Mary Escamilla
Dra. ♥

El Señor
Todopoderoso,
Prueba mi fe y
Mi paciencia
Todos los días.

Mary Escamilla
Dra. 🖤

La Vid

Clamo a Dios
En la caída,
En el dolor
Y en la
Tribulación.

Mary Escamilla
Dra. ❤️

Pablo

Hechos 16:16-40

EL LLAMADO DE
SAULO DE TARSO

Su nombre original fue Saulo, pero después el Apóstol Pablo fue un perseguidor de la iglesia desde muy joven y algo maravilloso sucedió en su vida, se le apareció Jesús de Nazaret.

¡Qué extraordinario tener un encuentro con el Altísimo!

Desde ese momento hubo un cambio radical en su vida, fue transformado en otro hombre y recibió un llamado muy especial, de anunciar el evangelio de Jesucristo.

Fue un privilegio ser llamado por Dios.

Él fue además un gran misionero por varios lugares en Asia menor, Siria y Palestina.

La conversión del Apóstol Pablo, es una de las que más ha impactado a través de los tiempos al pueblo cristiano.

Un hombre que odiaba a muerte el evangelio de Jesucristo, persiguiendo, encarcelando y matando a los primeros seguidores de Jesucristo.

Pero un día, yendo de camino a Damasco persiguiendo a cristianos, de repente se sintió atrapado por un gran resplandor de luz desde el cielo e inmediatamente cayó al suelo y una voz le habló diciendo.

"Saulo, Saulo, ¿por qué me persigues?"

I-ES NECESARIO UN ENCUENTO PERSONAL CON DIOS.

Toda la humanidad necesita tener un encuentro con Dios, todos hemos pecado y eso nos ha separado de Él.

El Apóstol Pablo era un hombre cruel, se creía muy religioso y defendía la ley, pensando que con esto agradaba al Dios Todopoderoso.

¿Qué es lo que tú defiendes?

-La idolatría.

-La adoración a la muerte.

-Tu mal carácter.

-Tu forma de vivir.

¡Escudríñate!

¿Cómo te ve el Señor desde lo alto?

Para poder tener un encuentro personal con Dios, es necesaria una experiencia en lo más íntimo de tu ser.

Cuántas veces Dios te ha querido hablar pero lo has rechazado, crees que estás haciendo su voluntad pero lo estás ofendiendo, ignorando el primer mandamiento de amarlo a Él sobre todas las cosas, pero sigues pidiéndole a imágenes e ídolos hechos por hombres, los usas como intercesores para que vayan al Padre y rueguen por ti.

Sabes que eso no es agradable a Dios, el único intercesor entre Dios y los hombres es Jesucristo su Unigénito Hijo.

Nos han instruido erróneamente y así aprendimos, porque no nos enseñaron a escudriñar la Palabra de Dios que está escrita en la Biblia, en esos 66 libros maravillosos, ahí están todas las respuestas que tú busques para cualquier área de tu vida en la que quieras ser ministrado, busca y escudriña.

Te invito a que desde hoy empieces a conocer la verdad y esa verdad te hará libre de toda idolatría y de todo temor que pueda estar en tu vida. Te sacará de la cautividad a la libertad.

Mira, Pablo era un hombre con un gran conocimiento, celoso de la ley, pero su corazón estaba lejos de Dios, muy lejos de Él, cometiendo perversidades.

Quizá a ti te han hablado de Jesucristo, pero lo has ignorado y has atacado a esos cristianos que te han querido hablar del evangelio.

¿A quiénes has atacado, pensando que estás en la verdad?

A tu familia.

A tu esposo.

A tu esposa.

A tus hijos.

A tu compañero de trabajo.

A tus vecinos.

¡Es momento de analizar tu vida!

No sigas ignorando el evangelio de Jesucristo, Dios hoy se quiere revelar a tu vida.

Este perseguidor de los cristianos llegó a ser un siervo de Jesucristo, su conversión fue única, como también será la tuya, Dios tiene la forma de cómo quiere revelarse a tu vida.

Dios trata con cada persona de manera diferente.

-Unos han sido alcanzados en medio del dolor.

-Otros en medio de su desesperación.

-Otros han sido convertidos a través de un pastor.

-Otros han sido tocados en la cama de un hospital.

-Otros han recibido a Jesucristo en la calle.

-Otros fueron alcanzados por la radio o la televisión.

-Otros en una cárcel o prisión.

-A otros, se les reveló con una voz audible.

-A otros, Dios los trajo a sus brazos a través de un problema.

Y de muchas y muchas formas más, a otros.

No importa lo que hayas hecho en tu vida, si eres un pecador y has sentido que Dios no te puede perdonar, eso es mentira; el diablo es un acusador, ese es su trabajo.

Dios perdona todas tus iniquidades y rescata al perdido.

Jesucristo vino para deshacer las obras de las tinieblas y darte vida eterna.

Pablo, siendo un hombre perseguidor y habiendo consentido en la muerte de Esteban, que murió convirtiéndose en el primer mártir del evangelio, alcanzó la salvación de su alma.

¿Qué clase de hombre era Pablo, quien aun siendo religioso cometió estas grandes barbaridades, movido por el celo religioso?

¿Cuántas veces te has ofendido cuando te dicen que la virgen María no puede ser la intercesora entre Dios y los hombres?, y te enojas y defiendes lo que no está escrito en la Biblia sino lo que la tradición te ha dicho. Pero lo haces por ignorancia a la Palabra de Dios, apostatando.

Y sabes que en estos tiempos muchos están haciendo lo mismo defendiendo la religión y todo aquello que ha Dios no le agrada.

¡Pero hoy ha llegado el día de tu salvación! Hoy es el día que se te caiga la venda de los ojos y veas claro todo.

Pablo, a pesar de su mal proceder, Dios mostró su amor hacia él cómo lo quiere hacer contigo hoy.

Porque Él es misericordioso con todos.

E inició la obra redentora en él, llamándole por su nombre.

"Mas yendo por el camino, aconteció que al llegar cerca de Damasco, repentinamente le rodeó un resplandor de luz del cielo;

y cayendo en tierra, oyó una voz que le decía: Saulo, Saulo, ¿por qué me persigues." Hechos 9:3, 4.

Saulo de Tarso quedó impresionado, nunca había tenido semejante experiencia en su vida y escuchó la voz de Jesucristo.

¡Qué experiencia más hermosa!

Asimismo, tú puedes escuchar su voz porque Él te dará el verdadero gozo y la paz que estás necesitando.

Dios hoy te llama por tu nombre y te dice que ya no sigas persiguiendo y atacando lo que te hará feliz.

II-LA RENDICIÓN TOTAL, ES LO PRIMERO PARA EL LLAMADO.

Saulo, al tener esa grandiosa experiencia, que el mismo Jesucristo se le apareció en el camino a Damasco, él le dice a esa voz maravillosa:

"Él dijo: ¿Quién eres, Señor? Y le dijo: Yo soy Jesús, a quien tú persigues; dura cosa te es dar coces contra el aguijón.

Él, temblando y temeroso, dijo: Señor, ¿qué quieres que yo haga? Y el Señor le dijo: Levántate y entra en la ciudad, y se te dirá lo que debes hacer." Hechos 9:5, 6.

Al ser humano no le gusta que le digan lo que tiene que hacer, ni mucho menos que le den órdenes, pero este hombre lleno de pecados, al ser visitado por el mismo Jesucristo, se rindió y le dijo: "¿Qué quieres que yo haga?".

¿Que necesitas tu ver, para rendirte.

Qué necesitas oír, para rendirte.

Qué necesitas que Dios haga para rendirte?

Ya no sigas posponiendo el llamado que Dios te ha hecho por años.

¿Qué tienes que dejar?

La vida pasada, lo que te agradaba hacer y que ofende a Dios.

-Esa relación ilícita de adulterio y fornicación.

-Esa crítica a los hermanos.

-Esa relación de confusión.

-Esa contienda con todos.

-Esa actitud de ofender.

-Ese mal carácter.

-Ese deseo de contender, pelear y discutir con tu pareja.

Ahora ríndete como lo hizo Saulo de Tarso y verás cosas grandiosas y serás usado poderosamente por Dios. Atiende a tu llamado, cualquiera que sea el ministerio donde Él te llame a servirle.

Y di Dios:

¿Qué quieres que yo haga como esposo.

Qué quieres que yo haga como esposa.

Qué quieres que yo haga como hijo.

Qué quieres que yo haga como empleado.

Qué quieres que yo haga como jefe.

Qué quieres que yo haga como líder de la iglesia.

Qué quieres que yo haga como vecino.

Qué quieres que yo haga como ministro?

Y así podríamos estar escribiendo más cosas.

La conversión del ser humano no tiene que ser como dicen por ahí; "Un lavado de cerebro" sino la experiencia personal de lo que ve y siente. Lo mismo puedes experimentar tú también.

Saulo de Tarso quedó ciego por unos días, después Ananías recibe la orden de parte de Dios de ponerle las manos y él recobró la vista.

"Entonces Saulo se levantó de tierra, y abriendo los ojos, no veía a nadie; así que, llevándole por la mano, le metieron en Damasco, donde estuvo tres días sin ver, y no comió ni bebió." Hechos 9:8, 9.

Ananías sabía la fama que tenía este hombre y tenía temor de acercársele, pero la voz de Dios le dice:

"Entonces Ananías respondió: Señor, he oído de muchos acerca de este hombre, cuántos males ha hecho a tus santos en Jerusalén;

y aun aquí tiene autoridad de los principales sacerdotes para prender a todos los que invocan tu nombre.

El Señor le dijo: Ve, porque instrumento escogido me es éste, para llevar mi nombre en presencia de los gentiles, y de reyes, y de los hijos de Israel;

porque yo le mostraré cuánto le es necesario padecer por mi nombre.

Fue entonces Ananías y entró en la casa, y poniendo sobre él las manos, dijo: Hermano Saulo, el Señor Jesús, que se te apareció en el camino por donde venías, me ha enviado para que recibas la vista y seas lleno del Espíritu Santo.

Y al momento le cayeron de los ojos como escamas, y recibió al instante la vista; y levantándose, fue bautizado." Hechos 9:13-18.

Dios usó a otro cristiano para bendecir la vida de un nuevo convertido.

¡Maravilloso es nuestro amado Dios!

Y este nuevo convertido, Saulo de Tarso, empieza a predicar de Cristo en las sinagogas, hablando de Jesús, el Hijo de Dios.

Todas las personas que habían conocido a Saulo estaban muy sorprendidos y no podían creerlo, cómo había sido cambiado este hombre cruel.

No importa cuán negros sean tus pecados, Dios envió a su Hijo Jesucristo para que recibieras el perdón y tengas una vida victoriosa y seas más que vencedor.

Saulo tuvo que escapar de los Judíos, porque al verlo transformado en otro hombre, vino la primera persecución para él; querían matarle, le tendían trampas, pero los discípulos de Jesucristo le ayudaban para que no fuera visto y no le hicieran daño.

Así, muchos han sido perseguidos por sus propias familias, cuando han venido al camino del Señor.

¿Te desprecian, a pesar que ahora eres diferente.

Si antes te emborrachabas, ahora no lo haces.

Si antes fumabas, ahora no.

Si antes usabas drogas, ahora el Señor te ha liberado.

Si antes le eras infiel a tu pareja, ahora ya no.

Si antes no dabas el diezmo y ofrendabas, ahora sí lo haces.

Si antes eras enemigo de Jesucristo, ahora has dejado de serlo.

Si estabas en una prisión, ahora eres libre?

Dios te ha transformado en otra persona, sigue adelante, porque esos que te desprecian son futuros hombres y mujeres que vendrán a su Reino y serán salvos.

Tu ejemplo y testimonio es tan fuerte, que ellos se rendirán ante Dios.

Porque todo aquél que se arrepiente de sus pecados tiene una cobertura total para su vida; el Ángel de Jehová acampará siempre para defenderlo de cualquier peligro.

Porque ten por seguro que Dios siempre va delante de ti.

Él firmó sus cartas en la Biblia, no como Saulo de Tarso, sino como el Apóstol Pablo, un nombre nuevo. También Lucas hace mención.

"Entonces Saulo, que también es Pablo…" Hechos 13:9.

El Apóstol Pablo pasó tantas pruebas y tribulaciones, en el libro de 2ª. Corintios podemos ver una lista grande, mencionaremos algunas:

1-En tribulaciones.

2-En necesidades.

3-En angustias.

4-En azotes sinnúmero.

5-En cárceles.

6-En tumultos.

7-En trabajos más abundantes.

8-En naufragios.

9-En desvelos.

10- Tres veces azotado con varas.

11-Una vez apedreado.

12-Una noche y un día padeciendo naufragio.

13-En peligros de ríos.

14-Peligros de ladrones.

15-Peligros de los de mi nación.

16-Peligros de los gentiles.

17-Peligros de la ciudad.

18-Peligros en el desierto.

19-Peligros en el mar.

20-Peligros entre falsos hermanos.

21-En hambre y sed.

22-En frío y desnudez.

Y además de eso, las grandes preocupaciones de todas las iglesias.

Verdaderamente este hombre, después de su conversión, vivió para agradar y servir a su Señor.

¡Alabado sea el nombre de nuestro Salvador Jesucristo!

Porque los hombres y mujeres que se disponen y reconocen que sus vidas son pertenecía de Dios.

¡No te sientas culpable!

Hoy es el día que digas; yo atiendo a mi llamado, heme aquí Señor.

¿Qué te impide rendirte a Él?

Un gran ejemplo de entrega y valentía, Dios está buscando obreros en estos tiempos para llevar su Palabra por todo el mundo.

El Apóstol Pablo escribió muchas cartas, que fueron todas inspiradas por el Espíritu Santo y que hoy en día edifican nuestra vida.

¿Quieres ser como este hombre que Dios llamó?

Lo primero que debes hacer es reconocer tus pecados, rendirte completamente a Él, Él hará cosas grandiosas para ti y serás instrumento de bendición para los perdidos.

Te invito a hacer una decisión en tu vida este día; haz una oración y di:

Padre Celestial que estás en los cielos, ha sido maravilloso conocer de este hombre que tú llamaste a tu Reino y a tu servicio, yo quiero también que perdones todos mis pecados, me limpies con tu sangre preciosa; sé que Jesús murió por mí en la Cruz del Calvario, y hoy lo recibo en mi corazón como mi único Salvador de mi alma, sé también que Él resucitó al tercer día y ahora está a la diestra del Dios Padre intercediendo por mí. Escribe mi nombre en el Libro de la Vida, te lo pido en el nombre de tu Hijo Amado. Amén, amén y amén.

La Vid

No te autoengañes,
No puedes unirte
A un yugo desigual,
No tienen nada
En común.

Mary Escamilla
Dra. 🖤

La Vid

No pierdas
El poder
Que te dio
El Espíritu
Santo,
Porque Él
Se puede
Alejar de ti.

Mary Escamilla
Dra. ♥

La Vid

El bien

Divino

Es mucho

Más grande

Que el mal

Natural.

Mary Escamilla
Dra. 🖤

La Vid

Cuando no
Entiendas
Por el dolor
Que estás
Pasando,
Confía en
Dios.

Mary Escamilla
Dra. ♥

La Vid

El necio e

Ignorante

Se perderá

Y no verá

La luz…

Porque

Está ciego.

Mary Escamilla
Dra. ❤

La Vid

No te inclines
Al placer de la
Carne, enfócate
En lo espiritual
Para que tus
Huesos no
Se corroan.

Mary Escamilla
Dra. ♥

La Vid

El liderazgo
Del necio,
Ególatra y
Vanidoso,
Será su fin.

Mary Escamilla
Dra.

La Vid

Dios te revela los
Tesoros escondidos,
Que son maravillosos.

Mary Escamilla
Dra. ♥

Quédate en
Silencio y
Recibe la
Sabiduría
De lo Alto.

Mary Escamilla
Dra. ♥

La Vid

El Señor da los
Tesoros escondidos
Y los muestra a los
Entendidos.

Mary Escamilla
Dra. ♥

El Señor Todopoderoso,
Enceguece la visión de
Los burladores.

Mary Escamilla
Dra. ♥

La Vid

El verdadero
Creyente se
Guía por la
Dirección del
Espíritu Santo.

Mary Escamilla
Dra. ♥

No son

Agradables

A Dios, los que

Desprecian

A los demás.

Mary Escamilla
Dra. ❤

La Vid

Los rebeldes
No saben vivir,
Por su ignorancia
En la Palabra.

Mary Escamilla
Dra. ❤

La Vid

Los que

Tienen

Temor

De Dios,

Son sabios.

Mary Escamilla
Dra. ♥

Esteban

Hechos 7:54-59

EL LLAMADO DE ESTEBAN

Fue uno de los siete diáconos elegidos por Dios a través de los apóstoles, era un judío de lengua griega, también designado a distribuir comida para las viudas y los más pobres de aquella época donde la iglesia empezaba.

¡Qué llamado tan hermoso tuvo Esteban, atendió a Él con obediencia!

"Buscad, pues, hermanos, de entre vosotros a siete varones de buen testimonio, llenos del Espíritu Santo y de sabiduría, a quienes encarguemos de este trabajo.

Y nosotros persistiremos en la oración y en el ministerio de la palabra.

Agradó la propuesta a toda la multitud; y eligieron a Esteban, varón lleno de fe y del Espíritu Santo…" Hechos 6:3-5.

Dio un gran discurso ante el Sanedrín, se defendió ante tanta acusación falsa y les habló con palabras llenas de sabiduría, pero estos hombres se enfurecieron contra él.

La palabra dice:

"Oyendo estas cosas, se enfurecían en sus corazones, y crujían los dientes contra él.

Pero Esteban, lleno del Espíritu Santo, puestos los ojos en el cielo, vio la gloria de Dios, y a Jesús que estaba sentado a la diestra de Dios." Hechos 7:54, 55.

¡Algo sobrenatural vio!

Un gran ejemplo para tu vida, cuando te sientas atacado(a) alza tú la mirada al cielo, busca la Palabra, deléitate en Él y verás cosas maravillosas en tu espíritu, que te fortalecerán en medio de todo ataque que venga a tu vida.

Esteban sufrió con los que se oponían al evangelio de Jesucristo, y a pesar de toda la oposición que tuvo terminó su carrera victorioso, sin embargo, murió apedreado por estos enemigos y, en los momentos últimos de agonía, antes de su muerte él oraba.

Muchas de las veces tenemos que poner en nuestra vida el ejemplo de estos discípulos que, de verdad, estaban entregados y al servicio del Señor.

"Y apedreaban a Esteban, mientras él invocaba y decía: Señor Jesús, recibe mi espíritu." Hechos 7:59.

No se intimidó ante la misma muerte que lo acechaba, éste fue un verdadero hombre llamado por Dios.

I-UN HOMBRE LLENO DE GRACIA Y PODER.

Este hombre llamado por Dios fue muy usado por Él, con grandes prodigios y señales.

¡No hay otro privilegio mayor que servirle a Él!

Cuando hablamos de gracia hablamos de la cualidad que hace a una persona que sea agradable y complaciente con los demás.

La persona llena de gracia causa buena impresión, es una persona amable en su trato dulce, tranquilo(a), divertido(a), y también pacífico(a).

Además, es complaciente con los demás, causa alegría y satisfacción y de esa manera las demás personas podrán ver la luz y querrán estar cerca de ti.

Tú, ¿eres complaciente con tu esposa? O…
¿Te reclama, por no ser buen proveedor.
Te reclama, porque no estás señoreando.
Te reclama, porque no la estás protegiendo.

¿Eres complaciente con tus hijos? O…
¿Se quejan, porque no los comprendes.
Te reclaman, porque no tienes tiempo para ellos.
Te buscan, pero tú los rechazas?

¿Eres complaciente para con tu prójimo? O…
No te importa, la vida de los demás.
Quieres su comprensión, pero tú no los comprendes.

¡Hoy es un buen día para cambiar!
¿Quieres ser agradable y complaciente?
Qué bueno, lo podrás lograr solamente entregándole tu vida completa a Jesucristo y sometiéndote a su Palabra.

Esteban fue verdaderamente lleno del poder de Dios, hizo una diferencia en medio de la oposición que había.

Se levantaron unos en la sinagoga disputando contra él, pero el poder que había en él era más fuerte que los acusadores, entonces estos hombres se levantaron para hacerle la vida imposible, según ellos, pero este hombre llamado por Dios no se rindió a la presión de estos falsos acusadores.

"Entonces sobornaron a unos para que dijesen que le habían oído hablar palabras blasfemas contra Moisés y contra Dios.

Y soliviantaron al pueblo, a los ancianos y a los escribas; y arremetiendo, le arrebataron, y le trajeron al concilio.

Y pusieron testigos falsos que decían: Este hombre no cesa de hablar palabras blasfemas contra este lugar santo y contra la ley;

Pues le hemos oído decir que ese Jesús de Nazaret destruirá este lugar; y cambiará las costumbres que nos dio Moisés." Hechos 6: 11-14.

Hasta dónde pudo llegar tanta maldad de estos opositores del evangelio de Jesucristo, de igual manera, los hay en este tiempo en contra de todo lo que es puro y verdadero.

Pero solamente una persona llena del poder de Dios puede resistir tanto ataque del mismo Satanás.

¡Esteban, un gran ejemplo!

¿Quieres ser un hombre o una mujer llena de la gracia de Dios?

Ven a sus brazos de amor, deja que Él sane todas las heridas profundas que llevas en tu corazón, sigue sus caminos, anhela su presencia en tu vida cada día, lo lograrás y podrás ser fiel hasta el final de tu vida y dejaras un legado en tu familia.

Dios está llamando en estos tiempos a hombres y mujeres como Esteban, que se gocen con el llamado que Él les tiene preparado.

Esteban estaba comisionado a repartir alimento y suplir las necesidades de los más pobres y, aunque algunos podrían decir que no necesitaba de tanto estudio para eso, él conocía la Palabra y eso salía de su boca.

Asimismo, tú no menosprecies tu llamado, no lo veas pequeñito, es grande a los ojos de Dios.

Es un privilegio que Él te haya llamado a servirle, muchos quisieran ser llamados.

Jesús dijo: "Porque tuve hambre y me diste de comer", ese es un gran privilegio y tiene una gran recompensa en el cielo.

No te desalientes, no menosprecies el llamado, por más insignificante que lo veas debes saber que hasta un vaso de agua no quedará sin recompensa, porque Dios paga al ciento por uno.

II-UN HOMBRE LLENO DE SABIDURÍA Y DEL ESPÍRITU SANTO.

Las personas que lo veían no podían resistirse por la forma que hablaba y el poder que Dios había derramado sobre él.

Pero como siempre, en todo llamado de Dios habrá oposición porque el enemigo de nuestras almas querrá impedir todo lo que se trata de la salvación.

¿Qué te está impidiendo ser lleno del Espíritu de Dios en este momento?

¿La disensión.

La idolatría.

La amargura.

El adulterio.

La fornicación.

La rebeldía.

El fraude.

El enojo.

La ira.

La mentira.

La contienda.

La soberbia.

La borrachera.

El orgullo.

Las drogas.

Las enemistades?

Y cuántas cosas más podríamos seguir mencionando, pero recuerda que hoy es el día de salvación, no tardes más en acercarte al único Dios verdadero para que puedas escapar de la ira venidera sobre los hijos que viven en desobediencia y rebeldía.

A Esteban no podían acusarle de nada, porque él vivía una vida agradable a Dios y fue por eso que le empezaron a acusar falsamente.

¿Te han acusado a ti falsamente, durante tu vida?

¿Te han dicho que eres mentiroso, cuando hablas verdad?

¿Te han dicho que eres un falso profeta, porque no han querido oír la exhortación que ha venido de parte de Dios?

¿Te han dicho que eres un hipócrita, porque te hiciste cristiano?

¿Te han dicho que eres un mal esposo, porque ahora vives en Cristo?

¿Te han acusado de cosas injustas, habiendo hecho lo justo?

Si en alguna de éstas u otras áreas has sido discriminado y acusado falsamente, no te impacientes a causa de los malignos. Como dice su Palabra, espera en Dios, que Él a su tiempo te honrará.

Los enemigos del evangelio siempre estarán buscando cómo acusar a los llamados por Dios, muchos serán piedra de tropiezo en tu vida espiritual. Pero los verdaderos hombres y mujeres llamados por Dios, son fieles hasta el final de su vida.

Tú persevera, porque vendrá tu recompensa.

Recuerda lo que dice su Palabra: Sé fiel hasta la muerte y Dios te dará la corona de la vida eterna.

¡Qué maravilloso privilegio!

Esteban fue un hombre temeroso de Dios, y ese es el principio de la sabiduría.

Llegó a tal grado, que esa sabiduría que venía de lo Alto, lo hacía ver como un ángel del cielo.

"Entonces todos los que estaban sentados en el concilio, al fijar los ojos en él, vieron su rostro como el rostro de un ángel." Hechos 6:15.

¡Qué impactante lo que ocurrió!

La gracia, el poder y la llenura del Espíritu Santo, hacen resplandecer nuestro rostro, como en el caso de este hombre llamado por Dios.

Recuerda siempre que tú eres luz.

¿Cuál es el reflejo de nuestro rostro hacia los demás?

¿De tristeza.

De quejas.

De dolor.

De ira.

De melancolía.

De enojo.

De impaciencia.

De rencores.

De resentimiento?

En la Palabra de Dios vemos a Moisés que se tenía que poner un velo sobre su rostro cuando descendía del Monte Sinaí, donde había tenido encuentros con el Dios Todopoderoso; su rostro resplandecía de tal manera que no lo podían ver, porque él reflejaba la presencia de Dios. El salmista también deseaba que su rostro resplandeciera.

"El corazón alegre hermosea el rostro;

Mas por el dolor del corazón el espíritu se abate" Prov. 15:13.

Esteban poseía la sabiduría de Dios y eso lo reflejaba su rostro.

"Quién como el sabio? ¿y quién como el que sabe la declaración de las cosas? La sabiduría del hombre ilumina su rostro, y la tosquedad de su semblante se mudará." Eclesiastés 8:1.

¿No es esto maravilloso?

Cuánta tosquedad estamos viendo día a día en todo lugar, personas atadas a muchas adicciones, viviendo vidas inconformes, pero cuando entra la sabiduría del Todopoderoso en el nombre de Él, todo eso se va, esas cadenas de ataduras se rompen.

¿Por qué no reflejamos la luz de Jesucristo?

Porque quizá tú no has aceptado en tu corazón el sacrificio que Jesucristo hizo en la Cruz del Calvario por ti, recuerda que el gran amor de Dios para ti lo hizo enviar a su Unigénito Hijo Jesucristo para dar su vida por ti para salvarte, rescatarte de donde el diablo te tenía; en angustia, dolor, desesperación y viviendo en oscuridad.

Pero hoy puedes cambiar de camino y seguir al Maestro de maestros, para que puedas reflejar la paz en tu alma y en tu rostro y que todos los que te vean sean alumbrados, porque serás una luz en medio de las tinieblas.

Jesucristo dijo: "Yo soy la luz del mundo", el que me sigue no podrá andar en tinieblas."

Nunca más, recuérdalo, porque Él va delante de ti siempre y te alumbrará.

Esteban murió apedreado, pero en cada piedra que le era lanzada lo acercaba al cielo mismo y, aunque su cuerpo era golpeado y lastimado, su espíritu se fortalecía viendo la majestad de su Salvador.

Momentos angustiosos en el cuerpo, pero gloriosos en su alma.

Una muerte cruel, pero fue recibido con grandes honores en el cielo mismo y en su agonía dijo:

"Y puesto de rodillas, clamó a gran voz: Señor, no les tomes en cuenta este pecado. Y habiendo dicho esto, durmió." Hechos 7:60.

Qué hombre más maravilloso, aun siendo torturado por sus enemigos, pudo expresar esas palabras; que no les tomara Dios ese pecado en cuenta.

Solamente un corazón lleno de misericordia puede expresar esas palabras en los momentos de agonía.

¿Has sido llamado por Dios y aún no has sido obediente?

¿En qué tinieblas te encuentras atrapado(a)?

¡Ven a la luz que te da Jesucristo! Y podrás ejercer ese llamado que Él te ha hecho.

Arrepiéntete, acéptalo en tu corazón haciendo una oración en este momento y di:

Padre Celestial tú eres el dueño de mi vida, perdóname por todos mis pecados, me arrepiento de haber llevado una vida desagradable a ti, renuncio en este día a todo lo pasado y te entrego completamente mi vida a ti, reconozco que tú enviaste a Jesucristo a este mundo para salvarme de la condenación eterna, te pido que escribas mi nombre en el Libro de la Vida, esta oración la hago en el nombre de Jesucristo tu Hijo y hoy mi Salvador. Amén, amén y amén.

La Vid

Todo lo que
Tú hagas,
Bueno o malo,
Un día saldrá
A la luz porque
Nada hay oculto
Para Dios.

Mary Escamilla
Dra.

No te contamines
Con las amistades
Del mundo.
Busca amistades
Espirituales.

Mary Escamilla
Dra. 🖤

La Vid

No abuses

De los dones

Espirituales.

¡Aquilátalos!

Mary Escamilla
Dra. ♥

La Vid

Guarda las
Ordenanzas
De Dios,
Los estatutos y
Mandamientos,
Para que seas
Bendecido.

Mary Escamilla
Dra. ❤️

La Vid

Dios siempre
Hace justicia al
Humano.
Tú descansa
En Él.

Mary Escamilla
Dra. ♥

La Vid

Dios es el
Único que
Te da el
Poder
Para hacer
Riquezas,
Si está en su
Voluntad y en
Sus propósitos.

Mary Escamilla
Dra.

La Vid

¿Necesitas poder,
Sabiduría,
Inteligencia,
Prosperidad,
Sanidad y
Libertad?
Lee la Biblia.

Mary Escamilla
Dra. ❤

La Vid

Hermano,
¿Quién te
Dio la vara
Para que
Midas a los
Demás?

Mary Escamilla
Dra. ❤

La Vid

El Señor Jesús dice:

Descansa en mí.

Mary Escamilla
Dra. 🖤

La Vid

Sigue la
Visión
De Dios,
No la tuya.

Mary Escamilla
Dra. ♥

La Vid

¿Eres religioso

O tienes una

Relación personal

Con el Todopoderoso?

Mary Escamilla
Dra. ♥

Camina en la
Manera correcta,
Hazlo a la manera
De Dios.

La Vid

El Señor Bajó

A la Oscuridad

Para Subir

A la Luz.

Mary Escamilla
Dra. ♥

La Vid

Doy gracias a Dios

Por los días

De oscuridad

En mi vida y

Estoy agradecido

Porque me sacó

A la Luz.

Mary Escamilla
Dra. 💙

La Vid

El mejor libro

De todos los

Tiempos es

La Biblia.

Mary Escamilla
Dra. 🖤

EPÍLOGO

Amados lectores y hermanos en la fe, espero que cada una de las historias bíblicas de Los Hombres que Dios Llamó a servirle ministre su vida y que les inspire a continuar en el camino de Cristo Jesús, porque ustedes, así como yo, somos llamados por Dios para que le sirvamos con integridad y obediencia a su Palabra.

Del mismo modo, les invito a que sigamos predicando el Evangelio de Jesucristo, al cual hemos sido llamados y escogidos desde antes de la fundación del mundo y es un privilegio servir al Señor siempre y dar gracias por el regalo no merecido, la Salvación de tu Alma.

Y si no has recibido a Jesús como tu Salvador personal, te invito a que hagas una oración en este momento y digas: Amado Padre Celestial, gracias por mandar a tu Unigénito Hijo a morir por mí en la Cruz del Calvario para el perdón de mis pecados. Desde ahora te acepto como mi Señor y único Salvador. Escribe mi nombre en el Libro de la Vida. Todo esto te lo pido en el precioso nombre de tu Hijo Jesús. Amén.

Reverenda, Doctora Mary Escamilla.

Printed in the United States
By Bookmasters